AF246180

LOIS

SOCIALES

PAR

UN SOCIALISTE LIBÉRAL

NIMES

IMPRIMERIE CLAVEL-BALLIVET ET Cᵒ

12, RUE PRADIER, 12

—

1871

LOIS SOCIALES

La Commune de Paris a publié un manifeste qui plus que tout autre a ses partisans et ses détracteurs.

Il y a convenance à ce que chacun dans cette affaire si grave exprime ses idées, surtout si elles peuvent apaiser le conflit, le rendre plus compréhensible à la fois aux amis et aux ennemis, rapprocher les partis extrêmes toujours prêts à s'entre-déchirer, et les amener, si faire se peut, à une entente commune. Je n'ose l'espérer pour ma part. Cependant, malgré et même à cause de ses difficultés, le problème socialiste est bien près de recevoir une solution, puisqu'il ne s'agit après tout que de contenter l'opinion publique. Disons tout de suite que ce problème ne peut être résolu que par des lois; elles seules sauveront la situation : hors d'elles il n'y a que malentendu et guerre civile. Hâtons-nous donc, et qu'il n'y ait d'ennemis en France que les Prussiens.

Les questions que la Commune de Paris voudrait voir accepter ne sont pas bien spécifiées selon moi. Chacun entend ces questions à sa manière, celles-là surtout; à mon sens elles consistent plutôt en généralités insaisissables. Ma critique ne posera d'ailleurs que sur les plus importantes, que je vais examiner au courant de 'a plume. Je m'abstiendrai de parler des questions politiques, morales ou simplement administratives qui ne rentrent pas dans le cadre que je me suis tracé.

Premier alinéa. — « La reconnaissance et la consolidation » de la République, seule forme de gouvernement compatible » avec les droits du peuple et le développement régulier et » libre de la société. »

Remarquez un peu les droits *du peuple*. Sans doute que le mot est pris dans le sens de nation, dans ce cas il n'y a rien à dire. Si le mot est pris pour prolétaire, cela peut paraître injuste et incompréhensible, parce que toutes les classes de la société française doivent être égales devant la loi.

'Deuxième alinéa. — « L'autonomie absolue de la Commune
» étendue à toutes les localités de la France, et assurant à
» chacune l'intégralité de ses droits, et à tout Français le
» plein exercice de ses facultés et de ses aptitudes comme
» homme, citoyen et travailleur. »

Les mots « exercice de ses facultés... comme travailleur. »
Toujours selon les lois pour tous les Français.

Continuons de citer.

« La garantie absolue de la liberté individuelle, » je l'accorde;
« de la liberté de conscience, » je la désire ; « et de la liberté
» du travail : » Cette liberté existe selon mes idées.

Mes critiques s'attacheraient plutôt à l'alinéa ainsi conçu :

« Mais à la faveur de son autonomie et profitant de sa
» liberté d'action, Paris se réserve d'opérer, comme il l'en-
» tendra, chez lui, les réformes administratives et écono-
» miques que réclame la population; de créer des institu-
» tions propres à développer et propager l'instruction, la
» production, l'échange et le crédit, à universaliser le pouvoir
» et la propriété suivant les nécessités du moment, le vœu
» des intéressés et les données fournies par l'expérience. »

Quelles sont les réformes économiques que réclame sa population?

On ne le dit pas.

Que veut dire « les institutions propres à développer et propager l'échange et le crédit ?»

Si c'étaient des marchés, des contrats, à la bonne heure;
mais des institutions !

Qu'entend-on par universaliser la propriété ?

Qu'est-ce que cela veut dire et dans quel sens?

Voilà un questionnaire que j'adresserai volontiers à la
Commune de Paris, sans espoir de réponse sans doute, si,
comme on a tout lieu de le croire, le manifeste n'est plutôt
qu'un compromis de toutes les opinions politiques républi-
caines de France.

Quoi qu'il en soit, j'apporte à mon tour une pierre à l'édifice
que les amis de la démocratie universelle veulent lui éle-
ver. C'est un projet de loi que je soumets à l'appréciation
du public intelligent, modéré, républicain, aimant le progrès
et la justice.

LOIS SOCIALES

TITRE I

L'HOMME

Propriété humaine.

ART. 1er.

Tout Français (des deux sexes) est, de par la loi, reconnu propriétaire par ce fait qu'il existe. Son acte de naissance est son titre de propriété, et son corps en est le répondant.

ART. 2.

Tout Français (des deux sexes) qui aura reçu des blessures entraînant la perte de membres, ou bien qui les aura mis dans l'impossibilité matérielle de reprendre le même travail pour lequel il les aurait reçues, aura droit aux indemnités ci-après dénommées.

ART. 3.

Les tribunaux compétents, après constatation légale de l'état des blessés et des instruments, outils, etc., qui auraient occasionné les blessures, soit chez des propriétaires agricoles, rentiers, industriels patentés ou bien dans des entreprises industrielles ou de locomotion, établiront leurs jugements sur les certificats de témoins et d'un médecin légitimant les réclamations ou les annulant pour cause de tromperie ou de chantage, et appliqueront la loi.

Art. 4.

Il sera remis aux ayants droit :
1º Pour la perte d'un œil, 100 fr. de rente 5 p. º/o;
2º Pour un pied écrasé ou ne pouvant être remis dans son ancien état, 200 fr. de rente 5 p. º/o;
3º Un poignet ou une main rendus impropres au travail ordinaire du blessé, 300 fr. de rente 5 p. º/o;
4º Une jambe cassée ou ne pouvant servir son ancien possesseur à son même usage, 400 fr. de rente 5 p. º/o;
5º Un bras cassé ou dont la blessure l'aura rendu impropre au travail, ou la perte complète de la vue, 500 fr. de rente 5 p. º/o.

Art. 5.

Les dites rentes. 1º 100 fr., 2º 200 fr., 3º 300 fr., 4º 400 fr., 5º 500 fr. au 5 p. º/o, seront, avec le titre de rente, au nom du Français (des deux sexes) blessé, ou il lui sera remis, s'il le désire, le capital en espècesou monnaies ayant cours : ainsi,
1º pour 100 fr. de rente 5 p. º/o, 2,000 fr ;
2º — 200 — — 4,000 ;
3º — 300 — — 6,000 ;
4º — 400 — — 8,000 ;
5º — 500 — — 10.000 ;

Art. 6.

Les tribunaux compétents statueront sur l'opportunité du délai à accorder aux intéressés pour le recouvrement de leur capital, lequel délai ne devra pas dépasser un mois.

Art. 7.

Toute rente devant être délivrée à un blessé de l'industrie, la somme à 5 p. º/º devra, à défaut d'actions ou d'obligations rentières de la part du débiteur, auteur volontaire ou non ou responsable de l'accident à délivrer, donner hypothèque immédiate, lors de l'accident survenu, sur ses biens meubles et immeubles.

Art. 8.

Tous les ayants droit pour blessures pourront opérer la saisie de meubles de toute nature et immeubles pour se garantir de leurs droits, et en réaliser le produit suivant les lois.

Art. 9.

Tout Français (des deux sexes) qui aurait reçu des blessures entraînant seulement la cessation de son travail; les propriétaires agricoles, rentiers, industriels patentés, etc., chez lesquels elles auraient été reçues, serviraient au blessé tout le temps de sa maladie, et par conséquent de la non reprise de son travail, la paie intégrale de sa journée de travail.

Art. 10.

Tout Français (des deux sexes) qui aura contracté des maladies ou fièvres dans les marais ou dans un climat contraire à la santé de l'ouvrier au service des propriétaires agricoles, rentiers, industriels patentés, etc., sera soigné dans la contrée de France que le malade désirera, hors des hôpitaux, et ce aux frais des dits propriétaires agricoles, rentiers, industriels patentés, etc; les dits frais comprenant frais de locomotion, médecins, médicaments, linges, ustensiles et objets nécessités par la dite maladie.

Art. 11.

Les tribunaux compétents établiront la somme à verser, en argent ou monnaie ayant cours, entre les mains d'un banquier, par les dits propriétaires agricoles, rentiers, industriels patentés, etc., pour subvenir aux besoins des malades de l'industrie, pour les maladies spécifiées dans l'article 10 ci-dessus (étant regardées comme cas de force majeure.)

Art. 12.

Les industriels non patentés, n'occupant par conséquent aucun personnel d'ouvriers, commis, domestiques etc. (des

deux sexes) seront exemptés des conditions matérielles,
légales et indemnisables imposées aux industriels patentés.

Art. 13.

Tout Français (des deux sexes) qui aurait reçu la mort dans
des circonstances indépendantes de sa volonté, par suite d'accidents, soit de son état industriel au service de propriétaires
agricoles, rentiers, industriels patentés ou dans des entreprises industrielles ou de locomotion; après constatation du
décès, les héritiers du défunt auront droit immédiatement à
une indemnité en argent qui sera une inscription de rente de
mille francs à partir du jour de l'accident, hypothéquée sur
les biens meubles et immeubles des auteurs du dommage
rente 5 p. %, ou en réclamer le capital au 5 p. %, soit *vingt
mille francs*. Il sera procédé pour le recouvrement du dit
capital selon les articles précédents 6 et 7 de la présente loi.

Art. 14.

Tout citoyen français au service de l'État, soit comme mili-
taire soit comme employé d'administration, a droit aux mêmes
indemnités, pour les mêmes faits (blessures, dans le cas de
mort les héritiers) que celles énoncées ci-dessus (art. 4, 5 9,
10) pour les blessés de l'industrie, payables par l'État si les
blessures et la mort ont été occasionnées au service de l'État.

Art. 15.

Les accidents arrivés antérieurement au présent projet de
loi ne seront pas recevables pour toucher à l'émargement des
indemnités dues et spécifiées dans les articles ci-dessus.

Art. 16.

LA FEMME

Toute femme française non mariée suivant la loi et qui
aura accouché d'un enfant, le fait certifié par une sage-femme
et un médecin qui auraient assisté à l'événement, aura droit
à une indemnité de *six cents francs* de rente 5 % par l'au-

teur, et s'il y a contestation par les auteurs du méfait, si toutefois le nom de la demoiselle n'est pas inscrit au bureau des mœurs.

ART. 17.

Celui ou ceux qui contraints à l'indemnité pour ce fait ne pourraient payer, devront donner un travail compensateur, pour parfaire la somme de *douze mille francs* à l'État, lequel, par ce fait de non paiement devient le tuteur de la femme lésée dans son droit de propriété, si elle le réclame.

ART. 18.

Il sera procédé par les solvables, quant au capital de la rente spécifiée dans l'article 16, pour le recouvrement du capital, soit *douze mille francs*, comme selon les articles 6 et 7 de la présente loi.

ART. 19

Il n'est point dérogé aux précédents du Code civil. Si la fille-mère meurt, ses héritiers légaux prennent part à sa succession.

ART. 20.

L'ENFANT

Tout individu, soit à l'école, soit en promenade, soit dans n'importe quel lieu, qui aura frappé un enfant, soit même par son père, sa mère, ou parents, tuteurs quelconques, pour satisfaire un motif de haine, de colère ou de vengeance :

  1° de....... à 8 ans ;
  2° de 8 ans à 12 ans ;
  3° de 12 ans et au-dessus,

sont passibles d'indemnités au profit de l'État prononcées par les tribunaux compétents :

  à 1° 50 francs ;
  à 2° 100 francs :
  à 3° 150 francs ;

suivant les cas ci-dessus spécifiés.

Art. 21.

En cas de non paiement pour manque de ressources, lesdits inculpés passibles d'indemnités devront donner un travail compensateur à l'État, propre à rémunérer lesdites indemnités imposées.

Art. 22.

Tous autres mauvais traitements rentrant dans la catégorie des crimes et délits prévus par les lois.

TITRE II.

—

L'HOMME

—

Contrats industriels.

ARTICLE 1er.

Tout Français travailleur n'est reconn ouvrier qu'à vingt ans.

Art. 2.

Tout Français (des deux sexes), ouvrier, commis-marchand, domestique, etc., en France et dans nos colonies, et pour obéir à la loi, devra passer un contrat avec les propriétaires agricoles, rentiers, industriels patentés, etc., qui l'occupent.

Art. 3.

Ce contrat prend le nom de *contrat industriel*. Sa durée est d'un an. Il pourra être passé pour plusieurs années mais sans fractions d'année.

Art. 4.

Ces contrats seront passés en triple, dont un entre les mains de chacun des contractants ; le troisième restera aux archives du tribunal de commerce de chaque département.

Art. 5.

Sous peine de nullité, le contrat industriel devra être passé sur papier timbré et légalisé par le maire de la localité où se passe l'engagement industriel, et par le président du tribunal de commerce, ou à son défaut par le président du conseil des Prud'hommes de l'arrondissement.

Art. 6.

Le coût de chaque légalisation sera de vingt-cinq centimes ; la copie qui restera aux archives du tribunal de commerce sera exemptée du coût de la légalisation.

Art. 7.

Les frais pour timbre et légalisation desdits contrats industriels seront partagés par moitié entre les deux parties contractantes.

Art. 8.

Il sera stipulé dans ces contrats industriels :
1° Le prix de la journée de travail avec la mention des jours fériés payés ou non payés ;
2° La somme de ces journées par mois ;
3° La somme totale par année.
Il sera fait mention du mode de paiement, s'il a lieu :
1° Par journée ;
2° Chaque semaine ;

3º Par quinzaine ;
4º Chaque mois ;
5º Par année.

Art. 9.

S'il a été fait des à-compte ou paiements en dehors des clauses stipulées, lesdits à-compte ou paiements seront spécifiés sur le contrat industriel de chacun des deux contractants, avec la mention de signatures de deux citoyens honorables.

Art. 10.

La somme totale d'une ou de plusieurs années, suivant qu'il aura été stipulé dans les contrats industriels sera hypothéquée sur les biens meubles et immeubles des propriétaires agricoles, rentiers, industriels patentés, etc., ou actionnaires d'exploitations industrielles, et ce à leurs frais.

Art. 11.

Si les rentiers, industriels patentés, actionnaires d'exploitations industrielles, etc., n'avaient pour répondants que des valeurs industrielles ou simplement des valeurs en rentes, actions, obligations à rente sûre et non passibles de pertes, elles seraient déposées dans une maison de banque, au prorata des sommes ou totaux qui en fin d'année seraient dus à leurs ouvriers, commis, domestiques, etc. (des deux sexes), dans leurs contrats industriels.

Art. 12.

En cas de non paiement dans le cours de l'année pour cessation de commerce, faillite ou autrement, la somme entière devient immédiatement exigible, et la vente des meubles, ustensiles, marchandises, outils, instruments industriels, ou réalisation de valeurs, actions, obligations, etc., a lieu conformément à la loi.

Art. 13.

Le total des sommes dues aux ouvriers, domestiques,

commis, etc. (des deux sexes), dans toute faillite ou tout autre mode de perte vient en première ligne sur les autres créanciers.

ART. 14.

Les deux parties contractantes du contrat industriel auront la faculté de le briser, et par ainsi en annuller les effets à condition toutefois que l'ouvrier, commis, domestique, etc. (des deux sexes), quittera immédiatement l'atelier, la maison ou le chantier des travaux desdits propriétaires agricoles, rentiers, industriels patentés, etc.

ART. 15.

Tout citoyen ou citoyenne étrangers à la nationalité française ne sont pas admis à la responsabilité ou au bénéfice du présent contrat industriel.

ART. 16.

Tous propriétaires agricoles, rentiers, industriels patentés, etc., qui ne seraient pas de nationalité française, en occupant des ouvriers, commis, domestiques, etc. (des deux sexes), français seraient passibles d'une indemnité à l'État de *vingt-cinq francs*, et ce renouvelable et constatée par deux citoyens honorables.

ART. 17.

Tous citoyens français, propriétaires agricoles, rentiers, industriels patentés ou groupe d'actionnaires d'industrie, etc., qui occuperaient un ou plusieurs ouvriers, commis, domestiques, etc. (des deux sexes) sans contrats industriels, seraient passibles envers l'État d'une indemnité de *cent francs*, et ce renouvelable et constatée par deux citoyens honorables.

ART. 18.

Tous contrats industriels passés entre parents tels que mari et femme, frère ou sœur, fils ou fille, père ou mère, et réciproquement entre eux sont déclarés nuls et de nul effet, et ne sont pas recevables en justice dans n'importe quelle circonstance civile ou commerciale.

Art. 19.

LA FEMME

Toute Française n'est reconnue ouvrière qu'à seize ans.

TITRE III.

—

CAISSE SOCIALE.

—

ARTICLE 1ᵉʳ.

Une cotisation annuelle est imposée à tous Français (des deux sexes) propriétaires agricoles, rentiers, industriels patentés, employés de l'État, ouvriers, commis-marchands, domestiques, etc.

ART. 2.

Cette cotisation est divisée en trois classes :
La première est de 12 francs par an.
La deuxième est de 6 francs   id.
La troisième est de 5 francs   id.

ART. 3.

La cotisation est répartie de la manière suivante :
1° Propriétaires agricoles, rentiers, industriels patentés, employés de l'État...................... .... 12 fr.
Leur femme..... .... 12 —
2° Ouvriers, commis, domestiques, etc.......... 6 —
Leur femme.................... .... 6 —
3° Les jeunes garçons de 16 à 20 ans........... 5 —
Les jeunes filles de 14 à 16 ans................ 5 —

ART. 4.

Tout Français qui sera en service dans les armées françaises ne sera pas exempté de la cotisation annuelle due à la caisse sociale.

Art. 5.

La caisse sociale en France et dans ses colonies n'est alimentée que par des Français.

Art. 6.

Chaque fin de mois les propriétaires agricoles, rentiers, industriels patentés, employés de l'État, etc., imposés, seront tenus de verser chez le trésorier-payeur général, contre reçu, les sommes mensuelles (ou annuelles à leur choix) de leur cotisation à la caisse sociale, celle de leurs ouvriers, commis, domestiques, etc. (des deux sexes) et celle de leur famille.

Art. .7

Un relevé des sommes reçues serait fait chaque fin d'année par le receveur général ; il devrait avoir l'approbation du maire et du président du Tribunal de commerce ou de leurs délégués avec leurs observations écrites, s'il y a lieu ; le tout parafé et légalisé.

Art. 8.

La comptabilité des sommes recueillies pour la caisse sociale sera faite aux frais de chaque département.

Art. 9.

Les sommes ainsi centralisées seront concentrées dans une maison de banque au siége du Corps législatif.

Art. 10.

Le Corps législatif reconnaît la caisse sociale comme établissement d'utilité publique par une loi, et à ce titre il lui est permis de recevoir comme personne civile, dons en argent ou en nature et tout legs par testament, héritage ou autrement.

Art. 11.

Les frais qui résulteront pour recevoir les futurs legs ou dons en nature seront payés rigoureusement à l'État.

Art. 12.

Le Corps législatif dispose des sommes de la caisse sociale dans le but pour lequel elle est fondée, qui est de servir une rente aux invalides de l'industrie.

Art. 13.

Le Corps législatif s'interdit formellement, dans n'importe quelle circonstance, de remettre entre les mains du chef du pouvoir la direction de la caisse sociale ; il s'interdit également de la faire servir à une propagande politique quelconque, et de faire voter les ayants droit par force ou menaces dans n'importe quel sens politique.

Art. 14.

La répartition des sommes se fera de la manière suivante :

La somme entière sera divisée en trois parts. La première sera servie aux invalides du travail, la deuxième sera employée à la construction d'édifices propres à recevoir les invalides, et la troisième à des placements de fonds dont les intérêts chaque année se joindront à ceux déjà disposés pour les pensions.

Art. 15.

Les invalides de l'industrie recevront à domicile leur indemnité, soit *deux francs* par jour, de la caisse sociale jusqu'à ce que des édifices dignes de leurs hôtes soient construits.

Art. 16.

Les futurs édifices à construire devant recevoir les invalides du travail, ne seront ni aménagés dans l'intérieur, ni avoir la forme à l'extérieur, ni recevoir le nom d'hôpital, ni d'autres noms pouvant rappeler le mot aumône, puisqu'en fait c'est une remunération pour de longs services et de grandes fatigues.

Art. 17.

Le capital à former qui fera l'objet de la troisième part, le sera par l'achat de terres cultivables et en plein rapport. Le corps législatif s'interdit de placer les fonds ailleurs, soit en maisons dans les villes qui peuvent perdre de leur valeur, soit en actions, obligations ou rentes sur l'État dont le capital peut subir des variations.

ART. 18.

Les invalides du travail déjà reçus dans des maisons hospitalières, soit de l'État, soit de corporatious religieuses, soit particulières, n'auront, dès l'abord, aucune part aux indemnités dues par la caisse sociale. Ils ne pourront y avoir droit que lorsqu'il aura été pourvu à ceux des invalides de France et de ses colonies, qui ne seraient pensionnaires d'aucun établissement.

ART. 19.

Le service de l'indemnité aux invalides du travail a lieu par ancienneté d'âge, aux plus vieux et aux plus pauvres. Le mari et la femme peuvent la recevoir ensemble s'ils ont le même âge.

ART. 20.

Le chiffre de la première part de la somme entière à distribuer aux invalides devra être toujours le même. On prendra pour base le rendement de la première année.

ART. 21.

Si par une circonstance imprévue il y avait diminution ou augmentation dans le rendement des sommes de la caisse sociale, les sommes dont l'emploi a été spécifié déjà, n'augmenteraient ni ne diminueraient que dans celles destinées aux édifices à construire, autant que possible part égale, et dans le placement du capital.

ART. 22.

Lors de la distribution des indemnités aux invalides du travail, le Corps législatif, en séance solennelle, la fait de la manière suivante : Les *quatre-vingt-douze* départements (comptant l'Alsace et la Lorraine) en France, seuls y concourrent jusqu'à ce qu'il n'y ait plus d'invalides à renter ; après viendra le tour de la colonie la plus près de France, l'Algérie, et ainsi de cette manière pour les autres colonies. On divise la somme à distribuer entre ces quatre-vingt-douze départements.

ART. 23.

La somme allouée à chaque département sera divisée en autant de parts que de communes et la distribution commencera. Les noms des ayants droit seront proclamés rentiers de la caisse sociale.

ART. 24.

Il ne devra y avoir aucune fraction de parts d'indemnités à distribuer.

ART. 25.

Les indemnités qui seraient dues aux invalides du travail compris dans les départements de l'Alsace et de la Lorraine, séparés par un traité inique du reste de la France, seraient ajoutées au capital de la caisse sociale, de même que leurs cotisations ne pourraient être reçues jusqu'à leur réintégration dans leur ancienne patrie.

ART. 26.

Les Français (des deux sexes) qui auraient subi des condamnations à l'emprisonnement (quinze jours au maximum) hormis pour délit politique, ou dont le nom serait inscrit au bureau des mœurs, ne seront pas admis à recevoir la pension réservée aux invalides du travail.

Un Socialiste libéral.